PARLERAI-JE

ENCORE DE LYON?

Par M. CRIGNON D'AUZOUER,

DÉPUTÉ EU DÉPARTEMENT DU LOIRET.

A PARIS,

Chez L.-M. MICHAUD, Imprimeur-Libraire,

RUE DES BONS-ENFANTS, N°. 34.

1818.

PARLERAI-JE
ENCORE DE LYON?

Je débute par où le colonel Fabvier a fini. Comme lui, dédaignant de répondre à de vils pamphlétaires, je pourrais dire que *ce sont d'honorables injures que celles que l'on reçoit pour vouloir le bien de son pays, et que la haine des méchants n'effraye que les faibles.* Avec les mêmes principes, avec la même profession de foi, il est fâcheux de ne pas se rencontrer dans la même route; mais ne pouvant nous y trouver dans le même sens, devons-nous nous y rencontrer dans un sens opposé? Est-il bien démontré qu'un député, profondément affecté des malheurs qui menacent son pays, et dont le cœur saigne douloureusement quand sa conscience lui fait un devoir de révéler à la tribune de fâcheuses vérités, doive, à peine de passer pour *un écho de calomnie* (comme le dit spirituellement monsieur le chef de l'état-major); qu'il doive, dis-je, rendre compte de ses motifs au premier commensal d'un homme

puissant qui veut jouir des avantages de la vic‑
toire (1) sans prendre part à la mêlée. Néan‑
moins, comme on m'a assuré que M. le Colonel
servait dans les troupes légères, que les troupes
légères ne s'aventurent pas en rase campagne
sans être sûres d'être soutenues par de gros
corps ; comme le corps de bataille ne m'effraye
pas plus que son avant-garde ; comme en ré‑
pondant à celui qui dit n'avoir été que témoin ;
je croirai répondre à tous ceux qui ont agi
en sa présence : j'accepte le défi. Si quelque
temps s'est écoulé sans que j'aie ramassé le
gant, j'en demande pardon à mon adversaire ;
mais après une discussion laborieuse, ma santé
m'ayant forcé d'aller goûter quelque repos au
sein de ma famille, la célébrité de son Écrit
n'avait pu percer le rayon de trente lieues qui
séparent Orléans de la capitale, et ce n'est qu'à
mon retour que j'ai appris que le tableau que
j'avais tracé à la tribune, avait fourni un pré‑
texte pour en produire un autre dont le sujet
est le même, mais le coloris bien différent.

Entrons en matière. Je n'ai pas besoin de
faire remarquer ici que, sans de graves consi‑
dérations, j'eusse pu aller beaucoup plus loin

---

(1) M. Fabvier est depuis long-temps aide-de-camp du duc de
Raguse.

dans le discours que j'ai prononcé; par les mêmes motifs, je ne ferai pas connaître ce que j'eusse pu ajouter: voyons seulement si ce que je me suis contenté de dire est marqué du sceau de l'irréflexion, et s'il est le fruit d'une calomnieuse malveillance; voyons encore si j'ai prononcé et imprimé tout ce que M. Fabvier, qui n'est point un *écho fidèle*, prétend que j'ai imprimé et prononcé. D'abord je le défie sur un fait matériel, dont il est bien facile de vérifier l'exactitude. Je soutiens qu'il est faux que dans aucune page, que dans aucune ligne de mon opinion, j'aie accusé *les débris de l'ancienne armée, des mouvements et des excès qui ont troublé le repos de ces contrées.* Il est dans la nature de l'homme de craindre d'être accusé plutôt des idées qui roulent dans son esprit, que de celles qui ne l'occupent point; pourquoi donc M. Fabvier, dont les liaisons avec ses anciens camarades ont pu cesser d'être intimes sans qu'il cessât de leur porter intérêt, veut-il que j'aie parlé de choses qu'il eût dû être content de me voir passer sous silence? Ainsi je n'ai pas tenu le langage qu'il me prête, et je dois le dire, à mon tour, parce que la vérité doit passer avant la politesse.

Est-il difficile de savoir pourquoi la calomnie se trouve, non point en écho, mais toute neuve sous la plume de **M. Fabvier**? Non; il sait très bien que l'unique moyen de décréditer la vérité, est de tout embrouiller, et de prêter des mensonges à ceux mêmes qui n'ont d'autre but que de démasquer l'erreur. Ai-je encore avancé que Lyon fut le foyer d'une vaste conspiration? Non; j'ai dit au contraire que les fils en avaient été coupés; j'ai bien ajouté qu'ils pourraient se renouer promptement : mais est-il indiscret d'engager un gouvernement, qui depuis trente ans est dupe de son imprudente confiance, à se tenir sur ses gardes. Les malheurs qu'entraîne le renversement des trônes, atteignent les sujets après avoir frappé les souverains. N'en avons-nous pas des preuves récentes? Les intérêts étant communs, la surveillance doit donc être commune.

Est-ce aussi moi, dont la féconde imagination a créé la destitution de plusieurs maires; mais leurs plaintes n'ont-elles point été déposées aux archives de la commission des pétitions, seule et insuffisante ressource pour les victimes du pouvoir arbitraire; et lorsqu'elles ont été présentées à l'assemblée, ont - elles été détruites par des réponses victorieuses? Ai-je aussi dû fermer les oreilles aux réclamations des officiers destitués, dont M. le Colonel atténue le nombre , quand la moralité, quand le royalisme de la plupart d'entre eux étaient attestés par les députés des départements auxquels ils appartiennent; quand leur bonne conduite, quand leurs connaissances dans l'art militaire sont constatées par les certificats dont ils sont porteurs, ne devais-je pas solliciter pour eux la faveur qu'on leur a refusée, de faire entendre leur justification ? Si le gouvernement possède des matériaux qui peuvent éclairer le dédale de cette affaire, qu'on voudrait rendre si ténébreuse, pourquoi laisse-t-il divaguer une opinion qu'il peut maîtriser ? Nous sommes arrivés à un point où la vérité seule plaît, où la conviction n'est point le fruit de vaines déclamations, mais de faits appuyés sur des preuves authentiques; puisque le ministère les connaît, pourquoi nous les cache-t-il ? Quelle plus puissante considération que de fixer le jugement du public ! Pourquoi accréditer des rumeurs qui, parties de la tribune des députés, sont répétées (1) par tous ceux qui ne sont point doués du tact néces-

----

(1) M. Camille Jordan, député de l'Ain, a, dans un discours à la Chambre, parlé le premier des événements de Lyon dans le sens de M. Fabvier.

saire pour distinguer le vrai d'avec l'imposture?
Pourquoi des événements, passés de nos jours
au sein d'une population nombreuse, se trou-
vent-ils enveloppés d'un voile épais, à l'aide
duquel on veut faire échapper les coupables?
Pourquoi les accusés se travestissent-ils en
accusateurs?

Il résulte de cette explication, que j'ai
rempli mon devoir de bon et loyal député, en
signalant les injustices et les abus d'autorité;
que je n'ai point dit une grande partie de ce
qu'on m'accuse d'avoir dit; que je n'ai point
attaqué un corps, que l'on convient n'être qu'un
débris; que mon opinion n'est appuyée que sur
des preuves irrésistibles, de la vérité desquelles
M. Fabvier convient; qu'elles m'ont été suffi-
santes sans invoquer le témoignage d'amis,
dont il serait peut-être imprudent, dans ces
temps orageux, de compromettre la correspondance; que je n'ai point frondé le commissaire du Roi, mais défendu ceux qu'il avait
privés de leur état; que je n'ai point été son dé-
tracteur, mais l'avocat de ses victimes; que je
n'ai point été calomniateur; et que si, contre
ma conviction, j'ai été entraîné dans quelque erreur involontaire, ma justification se
trouve dans l'uniformité des rapports, dans la
multiplicité des preuves, dans le concours des

actes judiciaires avec les actes administratifs, enfin dans la croyance passagère du commissaire du Roi. Ainsi donc voici ma tâche remplie, mon caractère vengé. Je n'ai plus rien à démêler avec M. l'Aide-de-camp ou ses ayant-cause. Mais lui-même va-t-il rester tranquille en face des autorités militaires, civiles et judiciaires ? n'aura-t-il pas à rendre raison au préfet, au maire, à la Cour prévôtale, aux régiments qui se trouvaient dans la division, enfin au gouvernement lui-même ; car en admettant que tout ce qui me paraît faux et controuvé dans ce factum, se trouve, par un miracle inespéré, revêtu des couleurs de la vérité, je vois un maire prêtant de nouveaux torts à une partie de cette population, dont les acclamations sanguinaires et blasphématoires déplurent même à Napoléon ; je le vois annonçant que le fer des assassins doit être tourné contre sa poitrine, et cependant il occupe la même place dans une ville importante. Un préfet, auquel aboutissent tous les pouvoirs, centre de l'autorité, et investi de la haute confiance des Ministres, a fermé les yeux sur tous ces excès ; que dis-je ? il a confirmé par sa correspondance ces rapports calomnieux ; et cependant il a été élevé à de plus hautes fonctions. Une Cour prévôtale qui avait reçu ordre d'agir avec promptitude et sévérité, s'est

conformée aux lois qui l'ont créée, et ne leur
a point donné une interprétation désorganisa-
trice. Elle a frappé des malheureux qui, croyant
voir revenir ces heureux temps de 1793, se
livraient au plus saint des devoirs ; et tous
les membres de ce tribunal de sang, prévenus
de forfaiture dans l'esprit des condamnés et
de leurs complices, ne remplacent point dans
les cachots ceux qu'ils y avaient plongés! Des
officiers ont été destitués, mais les régiments
n'ont point été cassés, et tous les excès auxquels une soldatesque sans frein s'est, dit-on, li-
vrée dans des campagnes désolées, sont restés
impunis. Dans cette hypothèse, le Gouvernement, par sa faiblesse, partagerait les délits
de ses agents, et M. le Colonel aurait seul raison!
Mais si cette foule de gens, attaqués dans leur
honneur, repoussent victorieusement les inculpations; s'ils prouvent par mille pièces à l'appui
que le précis historique du nouvel auteur est
un précis fabuleux, dicté par la partialité la
plus prononcée; s'ils prouvent que les excès
les plus coupables de ses protégés sont travestis
en fautes légères; que toutes les intentions,
même les tentatives de crime sont excusées,
parce qu'elles n'ont pas été couronnées par le
succès : s'ils prouvent que l'on invoque la com-
misération sur des êtres qui n'inspirent que

l'horreur, alors ne peut-on reprocher au gouvernement d'avoir toléré et même encouragé la
publicité d'un pamphlet qui porte des coups
si cruels à ses préposés, et qui, en cherchant
à les avilir, l'avilirait lui-même.

Ici l'on pourrait discuter si l'envoi d'un
commissaire revêtu d'une puissance sans bornes
est dans l'attribution d'un gouvernement re-
présentatif, et si la Charte tolère l'érection d'un
pouvoir qui, paralysant tous ceux qu'elle a
créés et délégués, devient plus puissant qu'elle,
puisqu'il approuve ou annulle tout ce que les
autorités civiles, militaires ou judiciaires, ont
statué en vertu de ses décisions. Cette importante proposition pourrait sortir des réflexions
que fait naître cette observation ; mais revenons
à Lyon.

Du concert unanime des rapports de toutes
les autorités, d'un grand nombre de faits allégués
et non contestés, d'une multitude de procé-
dures dont on a frondé la rigueur et non la
régularité, il résulte qu'il y a eu conspiration
pour renverser le gouvernement, immoler les
autorités, et massacrer les royalistes. Il est
avancé au contraire, par M. Fabvier, qu'il y a eu
conspiration contre les conspirateurs ; qu'on a
dénoncé des complots chimériques ; que des
ennemis du repos de la France, qu'il ne nomme
pas, ont abusé de la faiblesse des chefs des

administrations et se sont emparés d'un pouvoir usurpé pour se livrer à la plus cruelle persécution. D'après cette double assertion il est constant qu'il y a eu au moins une conspiration, soit des anarchistes ou bonapartistes contre l'ordre actuel des choses, soit des royalistes contre leurs adversaires; il est encore constant que toute conspiration doit être punie, surtout lorsqu'elle a eu un commencement d'exécution. Je ne veux point mériter les reproches d'inconsidération en m'érigeant en juge sur cette question délicate, en forçant mes lecteurs de voir et de sentir ainsi que je vois et que je sens. Les chefs de la première conspiration ont échappé aux peines, comme je l'ai avancé sans être contredit, et sans qu'on m'ait forcé de développer le *quomodo*. Les artisans de la seconde ne sont point en jugement, c'est à eux à paraître dans l'arène; ils vont s'y présenter, les inculpations qu'on leur adresse sont trop graves pour qu'ils restent silencieux; le soleil de la vérité va percer les nuages épais qui la dérobent à tous les yeux; malheur à celui qui craindrait ou refuserait de voir la lumière!

FIN.